ISBN 978-0-266-30798-3
PIBN 10364409

L'AUTORITÉ SOCIALE

SA NATURE
SA NÉCESSITÉ
SON ORIGINE
SON EXERCICE

CONFÉRENCE FAITE A LA BASILIQUE DE
QUÉBEC, LE DIMANCHE 26 SEPTEMBRE
1909, PAR Mgr ARCHAMBEAULT,
ÉVÊQUE DE JOLIETTE

QUÉBEC
Imprimerie de L'Action Sociale, Ltée
103, rue Sainte-Anne, 103

1909

L'AUTORITÉ
SOCIALE

SA NATURE
SA NÉCESSITÉ
SON ORIGINE,
SON EXERCICE

CONFÉRENCE FAITE A LA BASILIQUE DE
QUÉBEC, LE DIMANCHE 26 SEPTEMBRE
1909, PAR Mgr ARCHAMBEAULT,
ÉVÊQUE DE JOLIETTE

QUÉBEC
Imprimerie de L'Action Sociale, Ltée
103, rue Sainte-Anne, 103

—

1909

L'AUTORITE SOCIALE

SA NATURE — SA NÉCESSIT. — SON ORIGINE — SON EXERCICE

Conférence faite à la Basilique de Québec,
le dimanche 26 septembre 1909,
par Mgr Archambeault,
évêque de Joliette

"Praebete aures, vos qui
" continetis multitudines...
" Quoniam data est a Domi-
" no potestas vobis, et vir-
" tus ab Altissimo qui inter-
" rogabit opera vestra et
" cogitationes scrutabitur."
" Prêtez l'oreille, vous
" qui gouvernez des multi-
" tudes... parce que la
" puissance vous a été don-
" née par le Seigneur et la

"force par le Très-Haut
"qui interrogera vos oeu-
"vres et scrutera vos pen-
"sées."

Sagesse, VI, 3-4.

Excellence,

Mgr l'Archevêque de Québec,

Messeigneurs,

Mes frères.

Tout Concile est une affirmation solennelle de la divine constitution de l'Eglise. C'est, de la part de ceux qui les possèdent, la mise en exercice des droits et des pouvoirs sacrés dont les successeurs des Apôtres sont les dépositaires.

Un Concile national est encore comme l'examen de conscience des Chefs des Eglises particulières de tout un pays. Les évêques, réunis sous la conduite de l'Esprit-Saint, se recueillent, prient, consultent, cherchent à se rendre compte, devant Dieu, de l'usage qu'ils ont fait de leurs pouvoirs juridictionnels. Ils étudient, à la lumière de l'expérience, la nature des lois en vigueur, leur observance par le clergé et les fidèles, l'opportunité de modifier ces lois: de

les adoucir ou de les rendre plus sévères, d'en ajouter même de nouvelles, rendues nécessaires par les besoins des temps.

Un Concile est enfin, pour les évêques, l'occasion favorable de prendre
contact avec les fidèles, de rapeler à
tous les principaux devoirs qu'ils ont
à remplir, pour être de bons citoyens
et de véritables catholiques. Sous
l'influence de cette dernière pensée
féconde, le vénéré Métropolitain de
Québec, le Chef aimé de l'Eglise Mère
des Eglises de l'Amérique du Nord, a
voulu, qu'au cours du Premier Concile Plénier du Canada, il y eût, dans
les principaux temples de sa ville
épiscopale, une suite de cérémonies
religieuses. A ces réunions extra-
conciliaires sont conviés les enfants,
les jeunes gens et les jeunes filles,
les pères et les mères, les membres
de toutes les classes sociales : patrons
et ouvriers, hommes de commerce et
d'industrie, profesesurs et élèves des
universités, représentants des profes-
sions libérales, de la magistrature et
de l'Etat.

Désigné par Sa Grandeur pour
adresser la parole à l'auditoire d'éli-
te qui, ce soir, se presse sous les voûtes de cette vieille basilique de Notre-
Dame, j'ai cru faire une oeuvre utile

en exposant devant vous la doctrine catholique au sujet du pouvoir civil.

L'autorité sociale n'est-elle pas de nos jours, comme l'autorité de l'Eglise, l'objet de vives controverses ? Les uns l'exagèrent au détriment de la vérité et des libertés les plus légitimes ; d'autres, au contraire, la diminuent au point de rendre impossible l'accomplissement de sa mission dans la société ; beaucoup n'ont sur cette autorité auguste que des idées vagues et confuses, des notions fausses ou incomplètes.

Mieux faire connaître le pouvoir civil, afin de le faire mieux aimer et respecter, en démontrer la nécessité, rappeler quelle en est la source, exposer brièvement les droits, mais aussi les graves obligations de ceux qui en sont revêtus; voilà mon but.

L'étendue et la complexité du sujet à traiter m'obligent à me contenter d'une simple synthèse. Je laisse à vos intelligences cultivées, la tâche de compléter mon enseignement en y ajoutant les développements et les applications particulières qu'il comporte.

Je prie Dieu, par l'intercession de la Vierge Immaculée, patronne de cette église métropolitaine, de met-

tre sur mes lèvres la vérité sans mé-
lange d'erreur ou d'exagération; dans
mon coeur, le courage de parler avec
franchise le langage des Apôtres,
lorsqu'ils annonçaient la parole de
Dieu aux grands et aux puissants de
ce monde, leur rappelant, avec une
sainte hardiesse, la sublimité de leur
mission et la gravité de leurs devoirs.

NATURE, NECESSITE ET ORIGINE DE L'AUTORITE SOCIALE

1. NATURE. — L'autorité civile
est le droit de gouverner la société
et de la diriger vers sa fin: le bien
temporel de la nation. L'autorité sociale peut revêtir des formes mul-
tiples et prendre différents noms;
il n'importe. Qu'elle réside dans un
seul ou dans plusieurs; qu'elle s'ap-
pelle monarchie ou république, aris-
tocratie ou démocratie; qu'elle soit
élective ou héréditaire, absolue ou
constitutionnelle, elle est l'autorité;
elle a le droit de légiférer, de juger
et de punir.

Toutes les formes du pouvoir sont
en effet justes et légitimes en elles-
mêmes, pourvu qu'elles respectent
les droits naturels des individus, des

familles, des diverses associations
dont le groupement donne naissan-
ce à l'organisme social lui-même.

L'histoire est là pour attester que
l'Eglise catholique s'est toujours ac-
commodée aux divers pouvoirs qui
ont régi les peuples chrétiens; et cela, non par faiblesse, par courtisan-
nerie ou par opportunisme, mais
bien pour rester conforme à sa foi
et à son enseignement.

La forme politique la plus dési-
rable pour une nation est celle qui
répond davantage à son caractère, à
ses mœurs, et à ses institutions, à
ses besoins et à ses légitimes aspirations, à son degré de civilisation,
de culture intellectuelle et morale.
Remarquons seulement en passant,
qu'un régime peut porter le nom de
république, de constitution libérale
et démocratique, et n'être en réalité,
par suite de l'abus du pouvoir,
qu'un odieux césarisme, un gouvernement tyrannique opprimant les
consciences, violant les droits les
plus sacrés, attentant, au nom de
la souveraineté du peuple, à toutes
les libertés.

2. NECESSITE DE L'AUTORITE
SOCIALE.—Quelle que soit sa forme, quelle que soit l'étendue de ses

prérogatives et de ses pouvoirs, l'autorité est nécessaire à la société. La simple étude de la nature de la société, de sa fin, de ses exigences, donne une conviction profonde de ce dogme fondamental de la science sociale. Sans l'autorité, il n'y a plus de sécurité, plus de paix, plus d'ordre, plus de protection de la personne et de la propriété des citoyens, plus de justice, plus de liberté : " Là " où tout le monde peut faire ce qu'il " veut, dit Bossuet, nul ne fait ce " qu'il veut; là où il n'y a point de " maître, tout le monde est maître; " là où tout le monde est maître, " tout le monde est esclave."

L'autorité est donc le principe constitutif de l'être social, sa forme propre, la source de sa conservation et de son développement, l'élément indispensable de son action et de son progrès. L'autorité " naît avec la société; avec la société elle grandit et elle meurt." Selon la belle pensée du Père Monsabré, " le pouvoir public retire les forces individuelles d'une action trop égoïste et les applique par ses lois à un but unique: le bien commun; le pouvoir public protège la liberté de chacun contre les froissements de la liberté de tous; le pouvoir public comprime les despotismes infinis des passions pour ouvrir un champ libre à la raison et à la conscience; le pouvoir public assure, avec la liberté publique, la stabilité de l'ordre public; le pouvoir public rend la société féconde et lui fait produire, suivant la marche ascensionnelle du progrès, le bien public; le pouvoir public est le principe vital de toute société et le Sage a bien dit: Là où il n'y a pas de maître qui gouverne, le peuple croulera." (Carême de 1872.)

3. ORIGINE DU POUVOIR. — Le pouvoir civil est-il, comme l'a prétendu J. J. Rousseau, une simple convention des hommes ? une résultante des volontés particulières convergeant vers une volonté générale? Est-il, suivant la théorie moderne de l'évolution, le fruit nécessaire des " seules transformations de la force " physique faisant sortir des brutali- "tés du fait accompli la majesté du " droit " ? Vient-il au contraire, d'une source supérieure à toutes les contingences humaines, à tous les pactes des citoyens, à tous les calculs de l'égoïsme, de l'ambition ou de la violence ? Pour nous, catholiques, le doute n'est pas permis. La foi a donné une solution claire au problème de

l'origine du pouvoir, problème troublant qui depuis l'antiquité remue et passionne les écoles philosophiques. " C'est par moi que les rois " règnent, que les princes comman- " dent et que les puissants rendent " la justice," lisons-nous au livre des proverbes (VIII, 15-16). " Prêtez " l'oreille, vous qui gouvernez les " multitudes et qui vous complaisez " dans les troupes des nations", dit la " Sagesse "parce que la puissance " vous a été donnée par le Seigneur et " la force par le Très-Haut." (Sag. VI 3-4). " Que toute âme soit soumise au pouvoir public," écrivait saint Paul aux Romains, "car tout pouvoir vient " de Dieu... C'est pourquoi, qui " résiste au pouvoir, résiste à l'ordre " de Dieu..." (Rom. XIII).

Aux yeux de la Tradition tout entière, l'autorité civile est une image de la puissance de Dieu, un reflet de sa gloire, une participation de son suprême domaine. Dès les premiers siècles de l'Eglise, S. Justin, Clément d'Alexandrie, Tertullien, S. Irénée, et plus tard S. Augustin, S. Jeaen-Chrysostôme, S. Grégoire de Nazianze et bien d'autres Pères ont répondu victorieusement à ceux qui calomniaient la religion chrétienne, en la représentant comme l'ennemie de la ma-

gistrature civile et du pouvoir sécu-
lier. Défenseurs intrépides de la vérité catholique, ils ont confessé que
Dieu, auteur de la société civile, est,
par le fait, la cause première de la
puissance publique, et qu'obéir aux
lois, c'est se conformer au bien, respecter l'ordre voulu de Dieu, obéir à
Dieu lui-même, et non à l'homme.

Sur ce point, l'Eglise n'a jamais
varié, ne peut pas varier. La pensée
et le langage des Papes du dernier
siècle sont la pensée et le langage
des premiers Papes.

"L'Eglise," dit Léon XIII dans sa
mémorable Encyclique IMMORTA-
LE DEI, "enseigne avec raison que
"l'autorité politique vient de Dieu,
"car elle trouve cette vérité claire-
"ment attestée dans les Saintes Let-
"tres, dans les monuments de l'an-
"tiquité chrétienne ; en outre, on ne
"peut concevoir une doctrine plus
"conforme à la raison, plus d'accord
"avec le salut des princes et des
"peuples." Hier encore notre auguste souverain, le Roi Edouard VII,
ne reconnaissait-il pas publiquement,
dans un télégramme adressé au Président et aux Pères du Premier Concile Plénier du Canada, que la loyau-
té au pouvoir civil est conforme aux

meilleures traditions de l'Eglise catholique.

Le dogme chrétien de l'origine divine du pouvoir ennoblit singulièrement l'obéissance, "et peut seul expliquer la facilité avec laquelle il "l'obtient" nonobstant tant de motifs que l'homme aurait, laissé à ses passions et à ses désirs déréglés d'émancipation et de liberté, de s'y soustraire et d'en secouer le joug. Une telle obéissance ne courbe pas l'homme, elle le relève... "Me soumet-"tre à un homme parce qu'il est "fort, ce serait m'avilir; me soumet-"tre à lui parce qu'il représente "Dieu, c'est proclamer que je suis de "race royale et que nul n'est au-des-"sus de moi que le Très-Haut." Ces belles paroles de Mgr d'Hulst ont été, ces années dernières, comme l'écho des paroles non moins éloquentes que prononçait jadis, sous les mêmes voûtes de Notre-Dame de Paris, son illustre prédécesseur, le R. Père Lacordaire : " L'Evangile avait posé "ce principe que l'homme est trop "misérable pour être vénéré de "l'homme par sa propre substance et "sa propre vertu... mais qu'il faut "obéir à Dieu dans l'homme. Lais-"sant de côté les questions de forme

"et de choix au cours des événe-
"ments, il avait dit aux nations:
"mettez à votre tête un consul, un
"président, un roi, qui vous voudrez,
"mais souvenez-vous qu'au moment
"où vous aurez assis votre magistra-
"ture suprême, Dieu viendra de-
"dans." (Conférences de Notre-Dame, 35e conférence.)

4.—TRANSMISSION DU POU-
VOIR.—SOUVERAINETE DU PEU-
PLE.—L'Eglise n'a jamais défini
comment se transmet le pouvoir; si
Dieu le confère directement aux princes et aux chefs élus par le peuple,
ou s'il le confie à la société elle-même pour que celle-ci le communique
ensuite à ceux qui doivent l'exercer.
Elle laisse le champ libre aux opi-
nions et aux controverses. En prati-
que, la chose importe peu, car dans
l'un et l'autre cas, l'autorité sociale
émane de Dieu; dans l'un et l'autre
cas, ses dépositaires ne sont que les
ministres de Dieu, les délégués de sa
suprême puissance. "Sortie des en-
trailles fécondes du père et de la
mère," remarque avec raison un auteur contemporain, " la vie n'est pas
" à proprement parlei leur don...
" De même, passant par le canal
" d'une société qui se forme ou se ré-

" forme, le pouvoir public ne cesse
" pas de tenir à sa source éternelle.

Mais ce que l'Eglise nie, ce qu'elle
frappe de ses anathèmes, c'est la pré-
tendue souveraineté inaliénable de
la nation. Cette erreur séduisante est
devenue, pour un grand nombre, un
dogme social; elle exerce sur la multitude une fascination d'autant plus
dangereuse que le peuple n'en com-
prend ni les principes faux, ni les dé-
sastreuses conséquences.

D'après la théorie de Rousseau, le
peuple serait toujours et nécessairement souverain. Seul possesseur du
pouvoir dès l'origine de la société, il
en demeure le seul maître tant
qu'elle dure. Il peut bien confier à
un ou à plusieurs le pouvoir exécutif,
mais non le pouvoir législatif qui
demeure dans la nation et est, de sa
nature, incommunicable. Les lois que
portent les chefs du gouvernement
sont donc nulles de plein droit, hor-
mis qu'elles n'obtiennent l'assenti-
ment au moins tacite de la multitude. Représentant le peuple et son
organe, l'Etat gouverne par lui; il
n'a pas d'autre autorité que celle du
peuple, de qui il dépend d'une manière absolue. Poussant à l'extrême la
théorie de la souveraineté du peuple,
l'école radicale montre le peuple com-

me souverain absolu, la source unique de tout droit et de tout pouvoir,
le possesseur intangible d'une puissance indépendante de Dieu dans son
origine, cómme dans son exercice.
" Existe-t-il un Dieu souverain dans
" le Ciel ?   Nous l'ignorons," a dit
un des chefs de cette école.   " Ce que
" nous savons, c'est qu'il y a un peu-
" ple souverain sur la terre... Oui,
" la raison l'a proclamé, et ce cri a
" fait pâlir les prêtres; le Dieu vi-
" vant, c'est le peuple."

Que le peuple puisse, lorsqu'une
société se forme, désigner ceux qui
doivent exercer le pouvoir, fixer la
forme du gouvernement, les limites
de l'autorité du souverain et le mode
de sa transmission, pourvu que ces
déterminations laissent intacte l'autorité sociale, telle que la demandent
la nature et la fin de la société ;

Que le peuple, lorsque le pouvoir
vient à disparaître, soit de nouveau
libre et souverain, qu'il ait alors le
droit, pour des causes légitimes, de
changer la constitution de la société,
de continuer ou de transformer le régime politique, de le transférer même
à une autre dynastie ;

Enfin, que le pouvoir puisse résider à la fois dans le peuple et

dans les chefs de la nation, quoiqu'à des titres différents ; que le peuple ait le droit d'élire ses députés, et que ces derniers soient responsables à la nation de leur mandat ; voilà autant de points que l'Eglise n'a jamais contestés en matière de souveraineté du peuple. Mais, on l'a dit avec raison, autre chose est de reconnaître au peuple une part plus ou moins grande à la souveraineté, autre chose est de proclamer la souveraineté inaliénable du peuple, c'est-à-dire de déclarer, comme je l'ai exposé, que le pouvoir ne peut jamais appartenir qu'au peuple, et que celui-ci ne peut pas s'en départir.

Grégoire XVI, dans l'encyclique MIRARI VOS; Pie IX dans le SYLLABUS, et Léon XIII, dans l'encyclique IMMORTALE DEI ont condamné la thèse de la souveraineté inaliénable du peuple comme contraire aux droits essentiels du pouvoir, à l'ordre public et au progrès social. "Quant " à la souveraineté du peuple... que " l'on prétend résider de droit natu- " rel dans le peuple, dit Léon XIII, " si elle est éminemment propre à " flatter et à enflammer une foule de " passions, elle ne repose sur aucun

"fondement solide et ne saurait
"avoir assez de force pour garantir
"la sécurité publique et le maintien
"de l'ordre. En effet, sous l'empire
"de ces doctrines, les principes ont
"fléchi à ce point que pour beau-
"coup c'est une loi imprescriptible
"en droit politique, de pouvoir légi-
"timement soulever des séditions.
"Car l'opinion prévaut que les chefs
"du gouvernement ne sont que des
"délégués chargés d'exécuter la vo-
"lonté du peuple."

L'EXERCICE DU POUVOIR

L'autorité est nécessaire à la société, à sa fin, à son action : la
source de l'autorité sociale est Dieu
lui-même auteur de la nature et de
ses lois; le pouvoir civil n'est pas
la propriété inaliénable du peuple:
tels sont les points que nous avons
établis à la double lumière de la
raison et de la foi.

Il nous reste à parler de l'exercice du pouvoir, des droits et des devoirs que comporte cet exercice, si
l'autorité sociale veut rester dans
les bornes de ses attributions et con-
duire efficacement la société à sa
fin. Je ne ferai que tracer les gran-

des lignes d'un exposé doctrinal dont vous trouverez dans les traités de sociologie catholique les développements pleins d'ampleur et de fécondité.

1.—DROITS DU POUVOIR CIVIL. A.—Le pouvoir est essentiellement un droit, celui de commander. L'autorité sociale peut donc, contrairement aux prétentions inadmissibles de l'école des individualistes, imposer des limites et des restrictions aux libertés des citoyens ,et exiger tout ce qui est nécessaire à l'existence de la société et à son légitime développement. Affirmer le contraire, c'est lier le pouvoir public et le mettre dans l'impuissance de remplir sa noble mission.

Aussi la loi de subordination aux justes prescriptions de l'Etat est-elle une loi universelle, une loi de tous les temps et de tous les pays. Loin de l'abolir, Jésus-Christ l'a confirmée par ses divins enseignements et sanctifiée par ses exmples. Il a ordonné de rendre à César ce qui appartient à César et à Dieu ce qui appartient à Dieu: "Reddite ergo quae sunt Caesaris Caesari, et quae sunt Dei Deo." (Matth. XXII 21). Héritiers et interprètes de la doctrine du

Maître, les Apôtres n'ont cessé de proclamer l'obligation d'obéir au pouvoir civil, non par crainte de l'épée, mais par conscience. "Qui résiste à " la puissance, dit saint Paul, résiste " à l'ordre de Dieu. Or ceux qui résis- " tent attirent sur eux-mêmes la con- " damnation... Il est donc néces- " saire de vous y soumettre, non " seulement par la crainte de la co- " lère, mais encore par conscience... " Rendez donc à tous ce qui leur est " dû: à qui le tribut, le tribut; à qui " l'impôt, l'impôt; à qui la crainte, la " crainte; à qui l'honneur, l'hon- neur." (Rom. XIII.)

Ce devoir sacré de l'obéissance envers l'autorité civile, l'Eglise l'impose à ses ministres eux-mêmes en tout ce qui n'est pas contraire à ses droits, à sa liberté et à son indépendance ; elle l'impose à tous alors même que les dépositaires du pouvoir seraient personnellement méchants et pervers : "Servi, subditi estote in omni tempore dominis, non tantum bonis et modestis, sed etiam dyscolis." (I. Pierre, II, 18.)

B.—Le pouvoir législatif de l'Etat entraîne nécessairement le triple pouvoir exécutif, judiciaire et coercitif. Ces pouvoirs sont nécessaires à la société, mais ce sont des pouvoirs redoutables, dont l'exercice exige l'esprit de fermeté et de prudence, la science aprofondie des lois, le sentiment et le respect de la justice, la dignité de la vie privée et l'incorruptibilité de la conscience. Le droit de punir en particulier, droit incontestable et qui s'étend jusqu'à la peine de mort inclusivement, suppose chez le législateur une légitime sévérité, mais aussi de la bonté et de la discrétion. L'autorité, en frappant les coupables, doit avoir en vue, outre la réparation de l'ordre social lésé et la protection de la société, d'amender les criminels et les délinquants, de les ramener dans la voie du devoir, de les réhabiliter à leurs propres yeux et aux yeux de la société, de faire d'eux autant que possible, des citoyens honnêtes et vertueux. Que les peines infligées par le législateur soient donc à la fois des peines médicinales et exemplaires; que les prisonniers aient pour s'aider, dans l'oeuvre difficile de leur réhabilitation, l'aide de la religion et de ses ministres, la seule vraiment efficace et féconde.

C.—Les droits que possède l'autorité civile dans le gouvernement de

la société, droits que nous avons ré-
sumés sous une formule générale,
nous réservant de les mieux faire
connaître quand nous aurons à parler des devoirs de l'Etat, ces droits,
dis-je, sont-ils absolus et illimités ?
Oui, répondent les socialistes, soit
révolutionnaires soit césariens, car
l'Etat est seul le principe du droit,
il ne saurait reconnaître de droits an-
térieurs et supérieurs à ses propres
droits; l'Etat, est le maître absolu de
la société, il a le pouvoir de commander à tous ce qu'il veut : aux individus et aux chefs de famille, aux
patrons et aux ouvriers, aux associations civiles et religieuses. Pour
qu'une loi oblige, il suffit qu'elle
émane de l'autorité souveraine. " La
loi, la loi c'est le dernier mot de toutes choses."

L'Eglise, mes frères, s'est toujours élevée avec force contre
cette théorie absurde du pouvoir illi-
mité de l'Etat, théorie empruntée au
paganisme. et qui, " en exaltant la li-
" berté, nous ramène au dur esclava-
" ge dont le christianisme nous avait
" délivrés."

L'enseignement catholique est que,
si grande soit-elle, l'autorité civile
a des bornes. Instituée, non pour le

bien particulier de ceux qui l'exer-
cent, mais pour le bien de la société tout entière, elle doit s'arrêter
devant les droits imprescriptibles de
la conscience, devant les droits naturels des citoyens, devant le bien
général de la nation, et même devant la seule suffisance de l'initia-
tive des citoyens à procurer le progrès social.

L'exercice de l'autorité cesse d'ê-
tre légitime, il devient même une
odieuse tyrannie, du moment que le
pouvoir se constitue l'instrument du
mal, qu'il se met en conflit avec Dieu
en commandant des choses contrai-
res à ses lois saintes. L'Etat peut
bien, pour le maintien de l'ordre, la
tranquillité du pays, l'honneur national, porter des lois sévères, exiger
des citoyens le tribut de l'argent et
même celui du sang, mais il n'a aucun pouvoir sur l'âme et sur la conscience; car l'âme est immortelle, et
la conscience un sanctuaire inviol-
lable. Si, abusant de sa force, l'Etat
ordonne des choses défendues par
Dieu, ou défend ce que Dieu com-
mande, il perd, par le fait même,
tout droit à l'obéissance. Le devoir
des sujets alors est de résister jusqu'à la mort, à l'exemple des jeunes
hommes de Babylone, du vieillard

Eléazar, des sept frères Machabées, de saint Pierre et des autres apôtres, des martyrs et des confesseurs de tous les siècles. Dieu et son Christ sont au-dessus de César. ''Obedire oportet Deo, magis quam hominibus''. (Actes des Apôtres, V. 29). L'épiscopat français nous offre en ce moment un bel exemple de ce mâle courage chrétien. Traînés devant les tribunaux, condamnés à l'amende, tendant leurs mains aux chaînes de la prison et leurs têtes s'il le faut au glaive ou bourreau, les évêques de France sont prêts à tout, plutôt que de courber le front devant le César moderne, plutôt que de reconnaître, en s'y soumettant, la légitimité des lois attentatoires aux libertés de l'Eglise, et à la conscience des pères de famille.

Les droits du père sur son enfant, la faculté de posséder, celle de s'associer, de mettre en commun, pour un but légitime, l'activité et les forces de plusieurs ne relèvent pas de l'autorité sociale, mais découlent du droit naturel antérieur logiquement et historiquement à toute constitution politique. La loi civile peut bien régler l'exercice de ces droits et de ces pouvoirs, elle doit en respecter le principe; elle peut déterminer des conditions et les effets civils des divers groupements sociaux, elle ne peut les supprimer, sans porter atteinte à la personnalité humaine, dont "l'association n'est qu'une extension naturelle".

La puissance publique est encore limitée par sa fin elle-même, qui est le bien commun de la société. Les dépositaires du pouvoir n'ont donc pas le droit de l'employer au service d'intérêts particuliers, au triomphe d'un parti politique, au succès d'entreprises véreuses. Ils ont encore moins celui de faire servir le trésor de l'Etat à l'achàt des consciences des députés ou des suffrages des électeurs, à faire taire ou mentir la presse, à favoriser une oligarchie de politiciens sans scrupule, ou de chefs puissants du commerce ou de l'industrie qui, en retour de concessions et de privilèges exorbitants, promettent aux hommes au pouvoir l'appui de leur influence.

Les sociologues chrétiens opposent une quatrième barrière à la prérogative de l'autorité civile, celle de l'action individuelle ou associée des citoyens et des initiatives particulières, lorsque cette action et ces initiatives suffisent à mener à bonne

fin le progrès de la société. " Il ne
" faut pas',' dit Léon XIII dans son
encyclique RERUM· NOVARUM sur
la condition des ouvriers, "que l'in-
" dividu, ni la famille soient absor-
" bés par l'Etat; il est juste que l'un
" et l'autre gardent la faculté d'agir
" librement, tout autant que cela
" peut se faire sans préjudice du
" bien commun et sans dommage
" pour personne."

" L'Etat ", affirme avec raison M.
Charles Boucaud dans ses belles étu-
des sur le droit naturel, " ne doit pas
être le levier qui soulève l'obstacle,
mais seulement un point d'appui
pour le levier des initiatives particulières ; il ne doit pas être l'étei-
gnoir de la liberté, mais le chande-
lier qui exalte sa lumière rayonnan-
te; il ne doit pas être le sépulcre de
la liberté mise sous scellées, mais le
socle qui dresse en plein air et en
plein ciel sa mâle statue." " (Les
droits de l'Etat et les garanties civi-
ques du droit naturel.)"

Toute immixtion superflue de la
puissance souveraine est donc une
violation de la liberté. Se basant
sur ces principes, on a pu dire avec
vérité qu'un peuple est d'autant plus
avancé dans la voie du progrès, que
grâce à la puissance d'association,

au bon vouloir et à l'esprit d'initia-
tive des citoyens, il a de moins en
moins besoin de l'Etat pour assurer
les services publics et l'épanouisse-
ment de ses libertés.

2.—DEVOIRS DE L'ETAT

Un orateur de Paris, citant le mot
courageux de Bossuet à Louis XIV :
"C'est une terrible condition de n'a-
voir rien au-dessus de sa tête", ajou-
te : "Oui, quand on doit être jugé
par Dieu il est terrible de ne rencon-
trer jamais l'opposition des hommes,
car alors les passions n'ont de frein
qu'audedans et, si on manque au devoir de les contenir, on se charge
d'un fardeau qui sera lourd à porter au dernier jour." (Mgr d'Hulst.
Carême de 1895).

Or, il est hors de doute que les
rois, les princes et les chefs d'Etat
auront à rendre compte à Dieu de
leur administration. "Prêtez l'oreille ", dit au guide des multitudes
l'auteur inspiré du livre de la Sagesse, " parce que la puissance vous a été
donnée par le Seigneur et la force par
le Très-Haut qui interrogera vos
oeuvres. et scrutera vos pensées."
(Sagesse, VI).

Les maîtres de la société civile ont
donc des devoirs à remplir. Ces devoirs sont d'essence morale: ils lient
la conscience et engagent la responsabilité. Ils comportent, s'ils sont vio-
lés, outre les sanctions de la vie
présente, les sanctions autrement
formidables de la vie future: "Parce
"que étant les ministres de son ro-
"yaume, vous n'avez pas marché sui-
"vant la volonté de Dieu, il vous ap-
"paraîtra d'une manière redoutable
"et promptement, car un jugement
"très rigoureux est réservé à ceux
"qui commandent... aux plus forts
"est destiné un plus fort supplice."
(Sagesse, VI).

Quels sont donc les devoirs de l'E-
tat? quel en est l'objet, le caractère,
l'étendue? La réponse à ces questions pleines d'intérêt complètera notre synthèse de sociologie catholique.

A.—DEVOIRS ENVERS DIEU ET
ENVERS L'EGLISE.—Dieu, créa-
teur de l'homme, est aussi l'auteur de
la société, la source de ses biens et
de ses pouvoirs. De Dieu relèvent les
empires, sa Providence les gouverne
au milieu des vicissitudes, et nonobstant les transformations sociales.
Dieu a donc le droit de régner sur

les nations, de les faire servir à sa
gloire, aux desseins de sa Providence sur le monde. C'est pourquoi la
première obligation du pouvoir civil a Dieu pour objet. Rien ne saurait
dispenser les magistrats d'un pays,
même infidèle, du culte social, de la
manifestation officielle du sentiment
religieux. "Si la nature et la raison,
"dit Léon XIII, imposent à chacun
"de nous le devoir d'honorer Dieu
"d'un culte religieux, parce que nous
"sommes sous sa puissance et parce
"que, sortis de Lui nous devons re-
"tourner à Lui, la même loi oblige
"la communauté publique. Car les
"hommes réunis en société ne sont
"pas moins sous la dépendance de
"Dieu que s'ils vivaient isolés; et la
"société n'est pas moins redevable
"que les individus à ce Dieu dont
"le dessein l'a formée, dont le vou-
"loir la conserve, dont la munificen-
"ce lui assure tous les biens dont elle
" jouit ". (IMMORTALE DEI).
L'Etat a le devoir de faire du
culte de Dieu la base même de la société et de l'exercice du pouvoir; celui
de veiller à ce que ce culte soit comme l'âme de l'éducation nationale; de
punir sévèrement le blasphème et le
parjure, les attentats aux lois saintes

du mariage, les outrages aux moeurs.
Il doit encore opposer une digue à la
diffusion de l'impiété ; empêcher que
des théâtres licencieux, des amuse-
ments publics déshonnêtes, des lieux
de débauche et de séduction, une
presse irréligieuse ou obscène ne
constituent un danger permanent
pour la morale, ne détournent les
citoyens de la tendance vers Dieu,
leur fin suprême.

Nous nous sommes placés à dessein
dans l'hypothèse d'un peuple sans religion positive et sans foi divine.
Mais combien sont plus graves et
mieux déterminés les devoirs de l'autorité envers Dieu dans la société
chrétienne.

Le pouvoir civil, placé en présence
d'un culte fixé par Dieu lui-même, est
tenu de s'y conformer, de le faire
prévaloir, d'en pénétrer les lois et les
institutions nationales. Les sociétés
politiques doivent en effet comme les
individus, en servant la Divinité, "sui-
vre strictement les règles et le mode
par lesquels Dieu a déclaré vouloir
être honoré." (Encycl. IMMORTALE
DEI).

Si, en vūe d'un plus grand bien à
obtenir, d'un mal social à éviter, l'E-
tat croit nécessaire de tolérer diffé-

rents cultes, il doit cependant dispo-
ser la législation de manière à ce que,
loin d'entraver la vraie religion, il
la seconde, en assure le libre exercice et le plein développement.

Venant en contact avec l'Eglise
fondée par Jésus-Christ pour être, à
travers le monde et les siècles, l'organe infaillible de sa doctrine et la
déléguée de ses pouvoirs, l'Etat est
obligé, alors même qu'il y aurait sé-
paration des deux sociétés, de reconnaître légalement cette divine insti-
tution, de s'incliner devant sa suprême autorité, de respecter son indépendance, ses libertés et ses droits ;
'' Il faut admettre, dit Léon XIII, que
'' l'Eglise est de sa nature et de plein
'' droit non moins que l'Etat, une so-
'' ciété parfaite ; que les dépositaires
'' du pouvoir ne doivent pas préten-
'' dre asservir et subjuger l'Eglise, ni
'' diminuer sa liberté d'action dans sa
'' sphère ni lui enlever n'importe le-
'' quel des droits qui lui ont été con-
'' férés par Jésus-Christ.'' (IMMOR-
TALE DEI.)

Parmi les droits inviolables de l'E-
glise, les uns ont pour objet l'unité et
l'indissolubilité du mariage, l'immu-
nité des clercs, l'existence des commu-
nautés religieuses d'hommes et de

femmes, la sépulture chrétienne ; d'autres, les biens matériels dont dispose l'Eglise, les legs pieux dont elle a la garde, le culte catholique et le libre déploiement des cérémonies liturgiques. Il n'en est aucun cependant qui lui soit plus cher, qu'elle défende avec plus d'énergie et de constance que le droit d'enseignement.

L'Eglise seule, mes frères, a le pouvoir de prêcher la vérité révélée, celui d'ouvrir et de diriger des séminaires. Elle possède le droit, quoique non exclusif, d'enseigner les lettres, les sciences et les arts, par suite, le droit de fonder des écoles et des universités. L'Eglise a encore la haute surveillance sur les écoles publiques en tout ce qui concerne la foi et la morale. Que l'Etat respecte donc intégralement ces droits et ces pouvoirs qui découlent d'une autorité supérieure à la sienne.

Est-ce tout? Non, si pour des légitimes motifs, l'Etat ouvre lui-même des écoles, ces écoles doivent répondre aux justes exigences de l'Eglise, donner des garanties suffisantes d'orthodoxie et de moralité dans le choix des maîtres et des livres.

Un gouvernement, même sans re-

ligion officielle, ne peut pas patron-
ner les écoles véritablement neutres.
Quelqu'un a dit avec raison: "Un
" maître qui, par système, n'est pas
" pour le Christ, est contre le Christ".
Malheur aux peuples qui chassent
Dieu de l'esprit et du coeur de
l'enfance ou de la jeunesse ! Ils
sèment aujourd'hui le vent ; demain ils recueilleront la tempê-
te. On n'ébranle pas impunément
le fondement principal de l'édifice
social ; tôt ou tard l'édifice croulera.

B.—DEVOIRS ENVERS LA SO-
CIETE.—L'autorité civile ayant pour
fin le bien commun, son second devoir est de s'employer à le procurer dans la mesure des droits et
des pouvoirs que lui reconnaît la
constitution du pays.

Edicter des lois capables de pro-
téger les droits naturels des familles et des associations légitimes; assurer à la propriété privée l'inviola-
bilité et un mode sûr de transmission; faire régner l'ordre et la paix
au dedans et au dehors; réprimer
avec vigueur les émeutes populaires;
gérer avec justice et économie les
deniers publics; distribuer avec sagesse et impartialité les charges ad-

ministratives, en particulier celles de
la magistrature; ne faire peser sur
le peuple que des impôts vraiment
utiles et proportionnés aux revenus
des citoyens; sont incontestablement,
parmi les devoirs qui incombent à
l'Etat, quelques-uns des plus graves.

Défenseur né de la société, de ses
droits, de sa tranquilité, l'autorité
doit aussi en promouvoir le véritable
progrès. Entraver l'immigration
quand elle est nuisible à la nation;
surveiller avec soin la venue des mil-
lires d'étrangers qui, devenus les citoyens de leur patrie d'adoption,
en seront peut-être demain les chefs
et en dirigeront les destinées; mul-
tiplier ou rendre plus faciles les mo-
yens de transport et de communica-
tion; exploiter les richesses naturel-
les du pays; favoriser l'agriculture,
la colonisation et l'industrie; veiller
à ce que le commerce ne soit ni
troublé ni rendu frauduleux par des
hausses et des baisses malhonnêtes,
par le monopole et l'accaparement au
profit d'une ploutocratie toute puis-
sante; voilà encore autant de devoirs que l'Etat ne saurait négliger
sans manquer à sa noble mission.

L'autorité sociale doit aussi s'occu-
per du travail, de son organisation,

de sa division. Il ne faut pas que l'ouvrier soit une simple machine, que le travail altère sa santé ou le mette dans l'impossibilité d'accomplir ses obligations envers Dieu et envers sa famille. Il est permis sans doute à l'homme d'améliorer sa situation matérielle, d'acquérir la richesse, de reculer le domaine de son empire sur la matière, mais il ne doit jamais le faire au détriment des aspirations supérieures de l'âme et de ses éternelles destinées.

Dans son admirable encyclique RERUM NOVARUM, Léon XIII demande au pouvoir d'intervenir pour réprimer, ou mieux encore pour prévenir le relâchement des liens de famille parmi les travailleurs, la violation de leur dignité humaine par des conditions indignes et dégradantes, l'attentat à la santé de la femme et de l'enfant par des travaux qui devraient être réservés aux hommes. Ce grand pape, qu'on a nommé le "pape des ouvriers", exprime le désir que la vraie mesure du travail soit désignée en déterminant la proportion nécessaire entre le repos et le labeur, entre la peine et le salaire, salaire qui doit permettre à l'ouvrier de vivre, lui et sa famille, et de faire de légitimes réserves, pour la vieillesse ou les mauvais jours.

Un autre devoir de l'Etat est celui d'aider à la culture des lettres, des sciences et des arts; mais que le pouvoir civil se garde de jouer un rôle qui n'est pas le sien. Son droit à l'enseignement n'est pas absolu ; c'est un droit purement RELATIF. L'éducation de l'enfant constitue, par sa nature même une fonction du foyer domestique. L'Etat ne doit pas l'usurper. Il n'a pas le droit d'instituer arbitrairement et aux frais du trésor public, en dehors de ses propres écoles, de nouveaux centres d'instruction, si les écoles libres existantes suffisent à tous les besoins; encore moins a-t-il celui de rendre de telles écoles obligatoires, de faire de leur fréquentation une condition d'habilité aux emplois publics.

Dans un autre ordre de choses, mais toujours en vue du bien commun, le pouvoir est enfin tenu de respecter la liberté d'association, de reconnaître les corporations civiles nécessaires ou utiles à la société, d'aider pécuniairement les institutions de charité, en un mot de prêter son concours à tout ce qui, de nature à ouvrir à l'activité humaine un champ plus vaste, des horizons plus larges, ne peut cependant pas être obtenu par les seuls efforts des citoyens.

Tel est dans ses grandes lignes, mes frères, l'exposé bien pâle et forcément incomplet de la doctrine catholique au sujet de l'autorité sociale. Cette doctrine, n'est-il pas vrai, répond aux questions les plus vitales de la sociologie; elle en établit clairement les principes et les règles immuables. Elle apporte "au Pouvoir, " avec la conscience de sa divine ori- " gine, une force qu'il demanderait " vainement à une simple délégation " de la multitude. Elle tempère la " puissance par le sentiment de la " responsabilité ; elle limite les droits " par l'intimation des devoirs."

Heureux les pays où les dépositaires.de l'autorité, s'inspirant des enseignements lumineux de l'Eglise, en font la base de leur gouvernement. Ils jouissent d'une paix profonde, d'une sécurité que rien ne peut ébranler, d'un bien-être social bien supérieur à la prospérité apparente des malheureux peuples dont les chefs aveugles n'ont aucun souci des éternelles destinées de l'homme et de ses vraies libertés, aucun respect des droits de Dieu sur la société. " Les rois ont voulu règner par eux-mêmes", s'écriait naguère l'illustre orateur de Notre-Dame de Paris dont j'ai cité déjà quelques-unes des pensées fécondes, "les rois ont " voulu régner par eux-mêmes et le " siècle qui finit a vu tomber les unes " sur les autres les dynasties et les " monarchies. Les chefs élus ont voulu " commander au nom de l'homme au " nom du droit populaire sans égard " au droit de Dieu, et les républi- " ques ont versé dans le désordre. Les " puissants ont voulu se faire une jus- " tice qui ne chercherait plus en Dieu ' sa règle, et les peuples lésés ont ' éclaté en plaintes amères, et des " sectes subversives ont érigé l'anar- " chie en dogme... Livrée à ses ca- " prices, enivrée de l'orgueil qu'une " fausse philosophie du pouvoir lui a " mis au coeur, la multitude se joue " de l'autorité, elle prend pour favoris " les perturbateurs; c'est aux con- " tempteurs des lois qu'elle donne " mandat de légiférer en son nom. El- " le va chercher ses élus dans les pri- " sons pour les porter aux honneurs ; " et ceux qui, après l'avoir flattée, ont " aujourd'hui mission de la contenir, " hésitent déconcertés entre une sé- " curité périlleuse et des concessions " funestes." (Mgr d'Hulst, Carême de 1895.)

Sachons donc, mes frères, profiter des dures leçons que donnent aux vieilles nations de l'Europe les désordres et les angoisses de l'heure présente. Loin de chasser Dieu de notre vie nationale, que tout dans cette vie, jeune encore et pleine d'espérance, soit comme imprégné de son culte, et du respect de ses lois : nos foyers, nos écoles et nos universités, notre magistrature et notre législation.

Souvenons-nous de nos origines. La religion chrétienne veilla sur notre berceau, elle fut l'âme de tous nos progrès, la sauvegarde de nos libertés et de nos plus chères traditions. En mettant le pied sur notre sol, Jacques-Cartier en prit possession au nom du Christ et du roi de France, au nom du pouvoir religieux et du pouvoir civil. Que ces deux pouvoirs restent donc à jamais unis dans une même pensée et dans une action commune.

Grâce à leur entente cordiale, que la patrie bien-aimée marche en avant; que libre et fière, elle s'achemine d'un pas sûr vers un brillant avenir. Inviolablement fidèle à son passé et à sa mission providentielle, qu'elle prenne place un jour parmi les nations les plus prospères, procurant au Christ

Jésus de nouvelles conquêtes, ou-
vrant au peuple canadien une ère glo-
rieuse de paix et de grandeur. Ainsi
soit-il.

Lightning Source UK Ltd.
Milton Keynes UK
UKHW010805211118
332624UK00007B/131/P